7,90

Astrid Wisser

SPINNEN

das neue alte Hobby

Man spinnt wieder

Nach der „schlechten Zeit" fast vergessen und nur noch als rustikaler Dekorationsgegenstand begehrt: das Spinnrad. Jetzt besinnt man sich wieder seiner eigentlichen Funktion. Und es sind nicht die Großmütter, die sich für diese alte Technik interessieren, weil sie in ihrer Jugend das Handspinnen vielleicht noch gelernt haben. Nein, es sind vor allem die jungen Frauen und Mädchen, die, durch die rustikale Maschenmode angeregt, Gefallen daran finden, sich ihre Wolle selbst zu spinnen.

Man kann bereits Kurse für Handspinnen besuchen, und es werden funktionsgerechte neue Spinnräder angeboten. Da die Zahl der Schafzüchter wächst, ist auch die Beschaffung von Rohwolle kein Problem.

Also, wenn Sie auch Spaß an dieser alten Technik haben und sie erlernen möchten: Ich zeige Ihnen, wie man's macht.

Spinnen macht Spaß!

Wolle

Zum Handspinnen eignet sich wegen ihrer vielseitigen Verwendungsmöglichkeiten am besten Schafwolle. (Flachs ist sehr schwer zu beschaffen, und wer will heute noch seine Leinentücher selbst weben?)

Die Rohwolle erhält man entweder bei einem Schäfer oder bei der Deutschen Wollverwertung GmbH., Wollmarktstr. 115, 4790 Paderborn. Dorthin liefern die meisten deutschen Schafzüchter ihre Rohwolle, und von dieser Sammelstelle kann man sich Wolle zum Handspinnen schicken lassen.

Für 1 kg ungewaschene Rohwolle muß man zur Zeit ca. 3,– DM bezahlen. Der Preis richtet sich nach der Qualität. Der wertvollste Teil eines Vlieses — so nennt man das abgeschorene Wollkleid eines Schafes — ist die Rükkenpartie. Sie eignet sich am besten zum Handspinnen. Es ist nicht besonders schwierig, aus dieser Wolle einen gleichmäßigen dünnen Faden herzustellen. Je weiter man zu den Beinen kommt, desto kürzer und minderwertiger ist die Wolle. Aber mit einiger Übung kann man auch aus den kürzeren Haaren und Löckchen ein Garn spinnen, das durch seine ungleichmäßige Fadenstärke einen rustikalen Effekt erhält und sich gut für grobere Jacken und Pullover eignet.

Durch die reichhaltige Farbskala bei Schafen — vom hellsten Naturton bis zum tiefdunklen Braun — bieten sich auch von der Farbe her vielseitige Gestaltungsmöglichkeiten beim Spinnen.

Die Wolle wird vor dem Spinnen nicht oder nur mit Regenwasser gewaschen, da sie sonst ihr natürliches Fett verliert und sich beim Spinnen auseinanderzieht. Man entfernt lediglich Kotklumpen, Stroh und andere grobe Teile. Der feine Schmutz fällt beim Auflockern der Wolle von selbst heraus.

Der grobe Schmutz wird aus der Wolle entfernt

Vom hellsten Naturton bis zum tiefdunklen Braun reicht die Farbskala bei Schafwolle

Wolle auflockern

Bevor man mit dem Spinnen beginnt, wird die Wolle aufgelockert. Dazu nimmt man ungefähr zwei Hände voll Rohwolle auf den Schoß und zupft sie mit den Fingerspitzen auseinander. (Es ist ratsam bei dieser Arbeit eine Schürze umzubinden oder ein Tuch auf den Schoß zu legen, da jetzt die kleinen Schmutzteilchen aus der Wolle fallen.) Beim Zupfen der Wolle ist darauf zu achten, daß man die Haare nicht auseinanderreißt, sondern daß die Flocke wirklich nur gelockert wird.

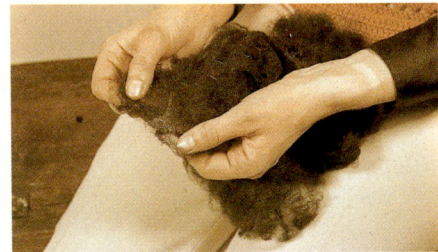

Die Wolle wird mit den Fingerspitzen auseinandergezupft ...

... und nicht auseinandergerissen.

Zum Auflockern der Wolle kann man sich eines Hilfsmittels bedienen: der Kardätschen. Das sind zwei gewölbte Holzbretter mit Griff, auf deren Oberfläche viele kleine Metallhäkchen befestigt sind. Man nimmt eine Kardätsche in die linke Hand, legt einige Wollflöckchen darauf und lockert sie mit der zweiten Kardätsche mit der rechten Hand auf. Es ist wichtig, daß die Wolle in Haarrichtung zwischen die Kardätschen gelegt wird und nicht quer. Die Arbeit ist dadurch wesentlich leichter und die Flocken werden nicht auseinandergerissen.

Man legt einige Wollflocken auf die Häkchen der Kardätsche ...

Zum Abnehmen der Wolle dreht man die Kardätschen so, daß beide Griffe zum Körper zeigen, und kämmt die Wolle mit der rechten Kardätsche von der linken und umgekehrt.

... und kämmt sie aus.

Handspindel

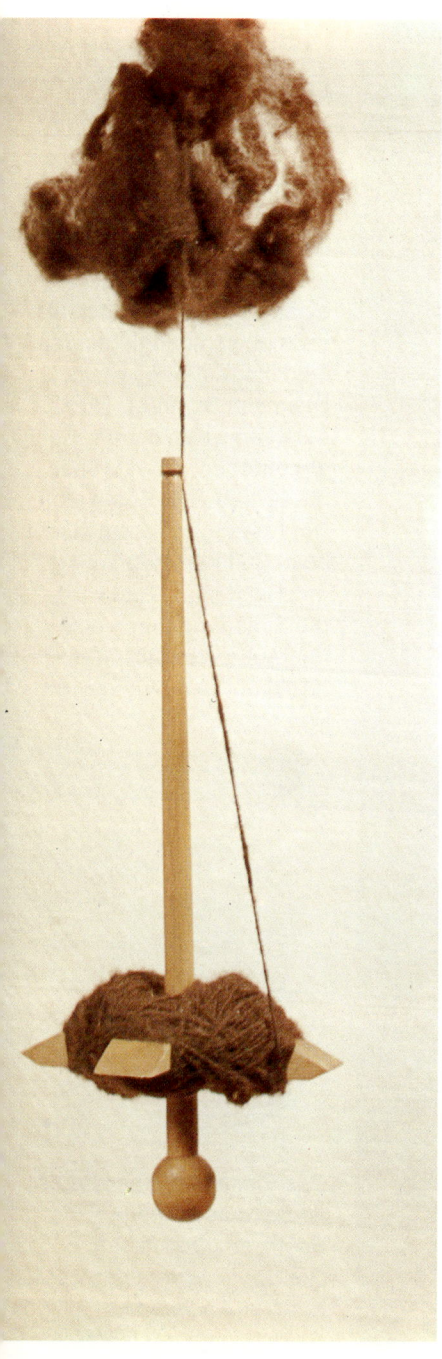

Es ist den meisten nicht bekannt, daß es neben dem Spinnrad noch ein ganz einfaches, aber sehr altes Gerät zum Handspinnen gibt: die Handspindel. Sie besteht aus einem runden Holzstab, an dessen unterem Ende entweder eine Holzscheibe oder ein Holzkreuz befestigt ist wie bei dieser modernen Ausführung.

Die Handhabung der Handspindel ist ganz einfach. Man befestigt am unteren Ende des Stabes einen mittelstarken Faden, führt ihn nach oben und schlägt eine Schlinge um das obere Ende. Die Spindel hängt jetzt aufrecht am Faden nach unten. Nun nimmt man eine Wollflocke in die linke Hand, zupft einige Haare heraus und legt sie um das obere Fadenende. Wenn man dann die Spindel mit der rechten Hand andreht, wickelt sich die Wolle um den Faden und verbindet sich mit ihm. Nun zupft man langsam immer mehr Wolle aus der Flocke und spinnt sie durch Drehen der Handspindel.

Wenn die Spindel auf den Boden reicht, löst man den Vorschlagknoten am oberen Ende des Holzstabes, wickelt die gesponnene Wolle um den unteren Teil der Spindel und beginnt von vorn mit dem Spinnvorgang.

Der Vorteil der Handspindel: Man kann im Gehen spinnen, wie es früher die Schäfer taten. Das Spinnen mit einer Handspindel ist allerdings mühsam. Wesentlich einfacher und schneller geht es mit dem Spinnrad.

◄

Die Handspindel — ein einfaches Spinngerät

Neues Spinnrad

Es gibt zwei Formen von Spinnrädern: das Hochrad und das „liegende" Rad. Um allen die Möglichkeit zu geben, die Technik des Spinnnens zu lernen, werde ich die Bedienung sowohl eines neuen Hochrades als auch eines alten liegenden Modells erklären.

Das neue Spinnrad wird durch eine Kunststoffschnur angetrieben, die nur über die Scheibe der Spule läuft. Der Spinnflügel dreht sich beim Spinnen automatisch mit. Bei diesem Rad wird die Spannung durch eine Schraube reguliert, die direkt auf den Flügel wirkt.

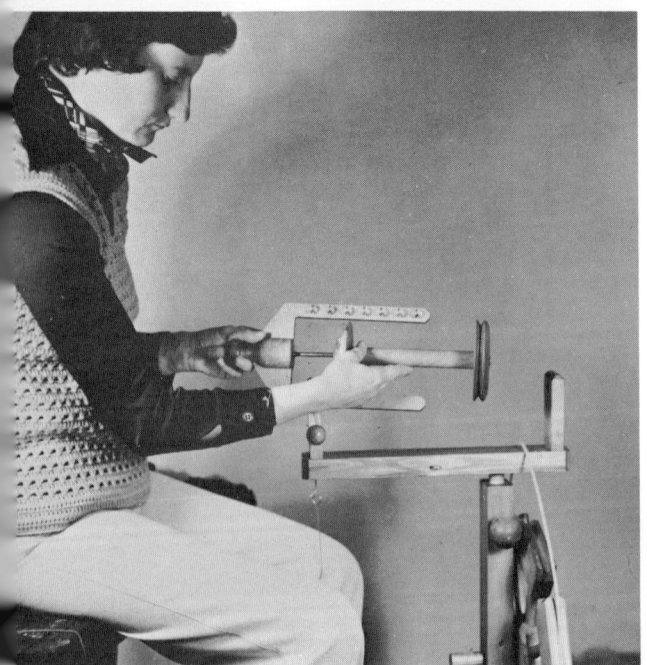

Das Einsetzen einer Spule ist bei diesem neuen Spinnrad ganz leicht.
Die Spule wird einfach auf die Metallachse des Spinnflügels gesteckt...

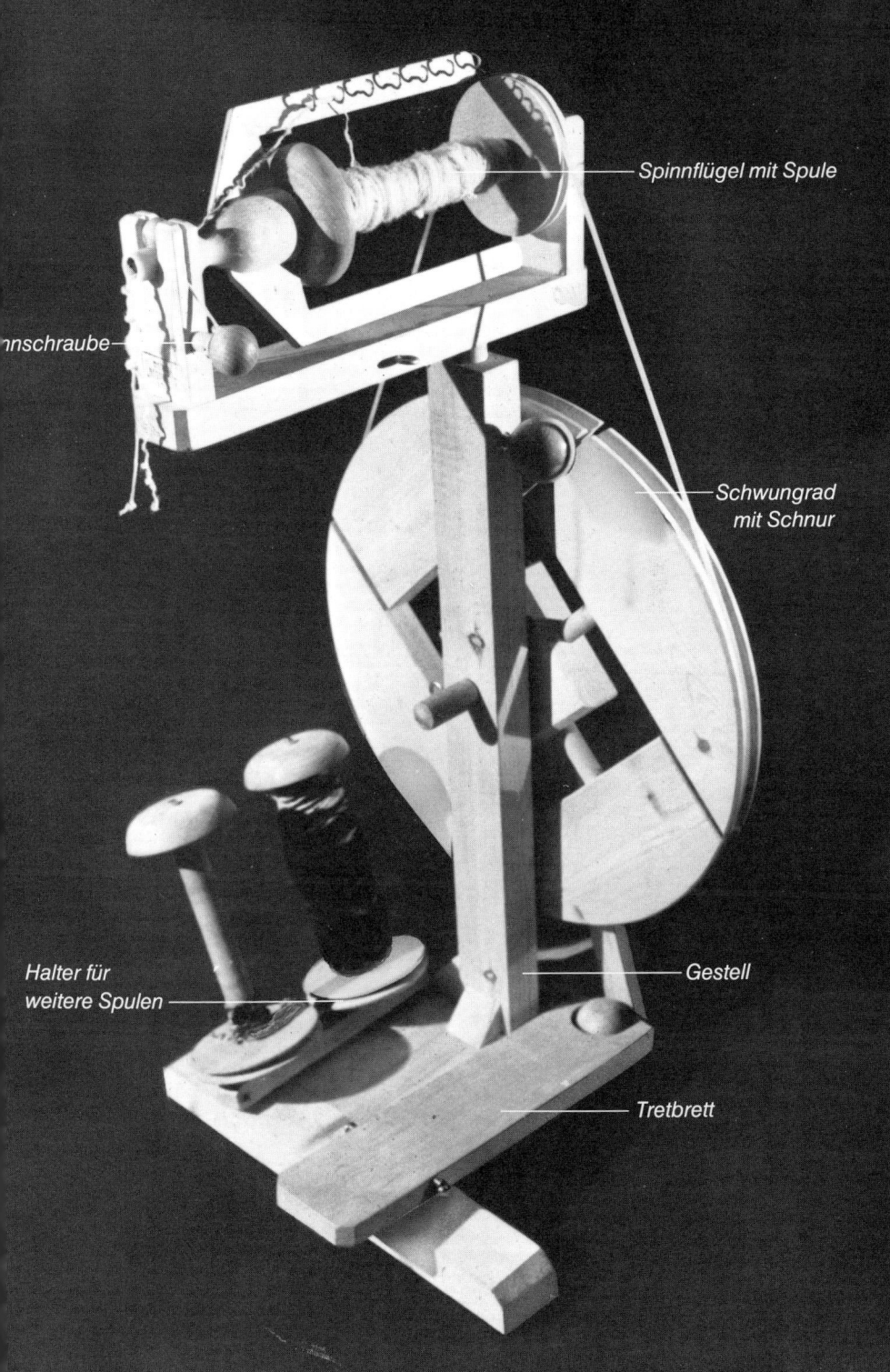

Spinnflügel mit Spule

nnschraube

Schwungrad
mit Schnur

Halter für
weitere Spulen

Gestell

Tretbrett

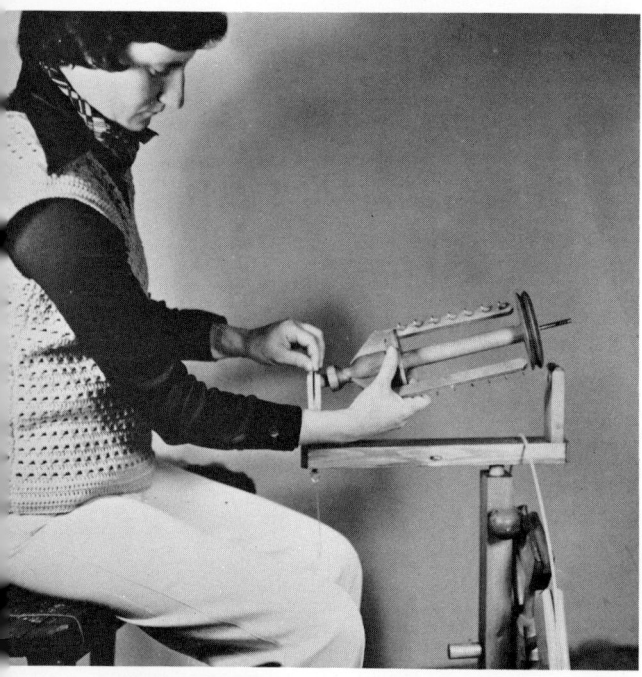

... *dann wird der Spinnflügel vorne unter das Band geschoben, das die Spannung reguliert,* und zuletzt wird die Schnur auf die Spulenscheibe gelegt.

Altes Spinnrad

Die Antriebsschnur läuft bei dem alten Spinnrad in einem Stück über das Schwungrad, über die Schnurscheibe des Spinnflügels, nochmals über das Schwungrad und über die Scheibe der Spule. Der unterschiedliche Durchmesser der beiden Scheiben bewirkt, daß sich die Spule etwas schneller dreht als der Spinnflügel und so die Wolle aufwickelt. Die Spannung der Schnur ist wichtig. Sie muß zwischen Spule bzw. Spinnflügel und Schwungrad ungefähr zwei Zentimeter Spiel haben. Die Spannung der Schnur wird durch Drehen an der entsprechenden Schraube reguliert.

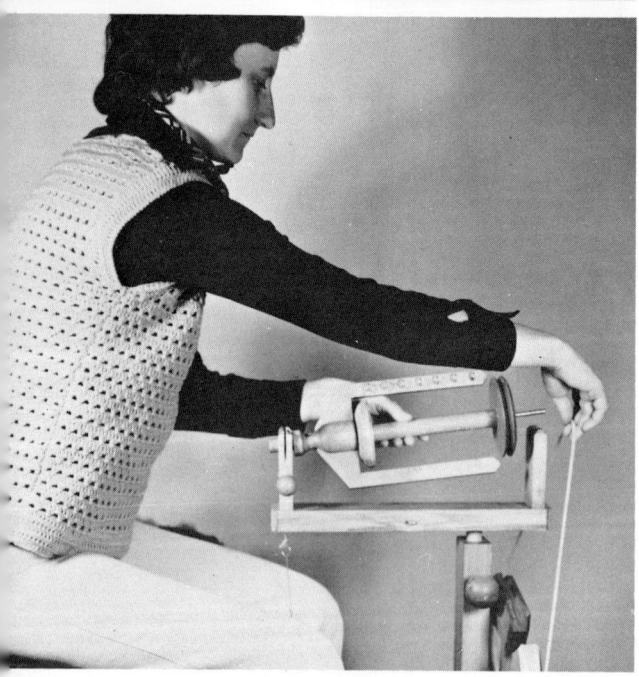

Halter für weitere Spulen

Schwungrad mit Schnur

Spinnflügel mit Spule

Achsstütze mit Schraube

Spannschraube

Gestell

Tretbrett

Um eine Spule einzulegen, nehmen Sie beim alten Spinnrad die Schnur vom Rad . . .

. . . lockern die Schraube an der vorderen Achsstütze . . .

... und schrauben die
Scheibe des Spinnflügels
rechtsherum los.

Nun schieben Sie auf die
Spulenachse eine leere
Spule.

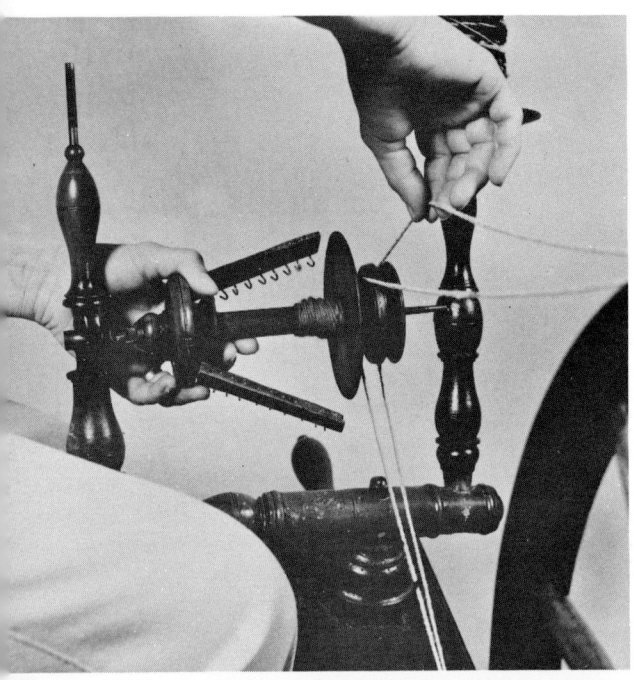

Nachdem Sie die Scheibe wieder an den Spinnflügel geschraubt (linksherum) und ihn mit der Spule eingesetzt haben, legen Sie das eine Stück der Schnur um die Flügelscheibe und das andere um die Scheibe der Spule.

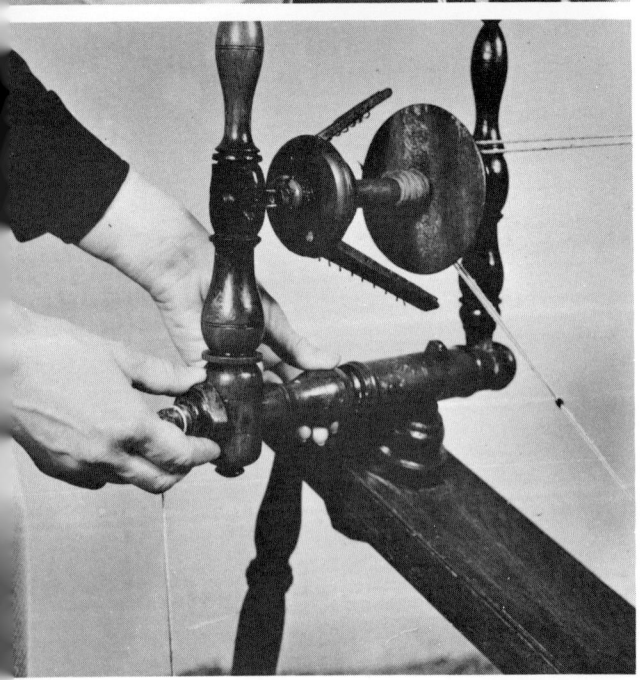

Zuletzt ziehen Sie die Schraube an der Achsstütze fest an.

14

Sowohl beim neuen als auch beim alten Spinnrad wird das Tretbrett mit dem rechten Fuß bewegt.

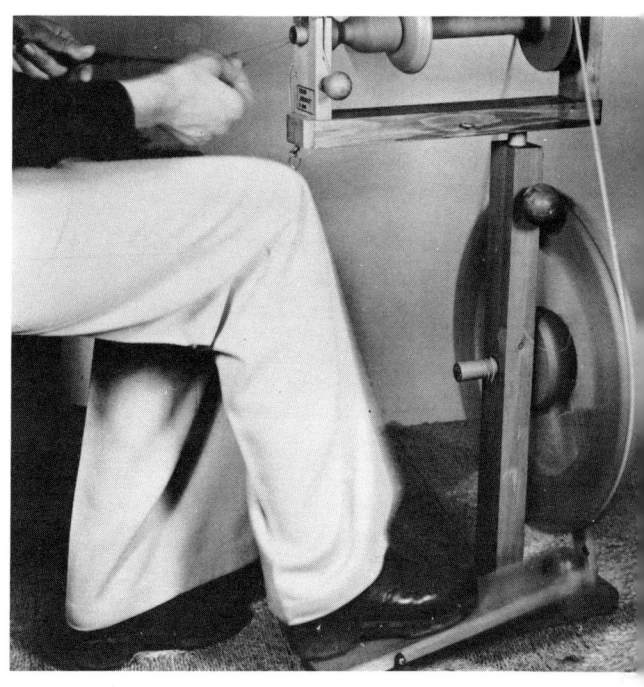

Spinnen

Wenn Sie geprüft haben, ob Ihr Spinnrad intakt ist, sollten Sie einige Augenblicke das Treten üben, damit Sie sich beim Spinnen ganz auf die Wolle und Ihre Hände konzentrieren können.

Sie werfen das Schwungrad mit der rechten Hand nach rechts an und üben das Treten so lange, bis das Rad in mittlerem Tempo gleichmäßig läuft.

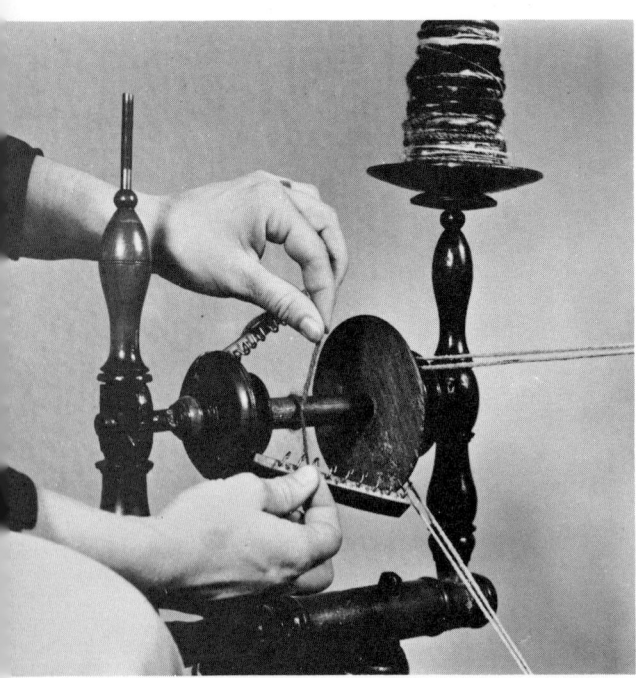

Nun knoten Sie um die leere Spule ganz fest einen ca. 50 cm langen Faden, hängen ihn über einen Haken des Flügels...

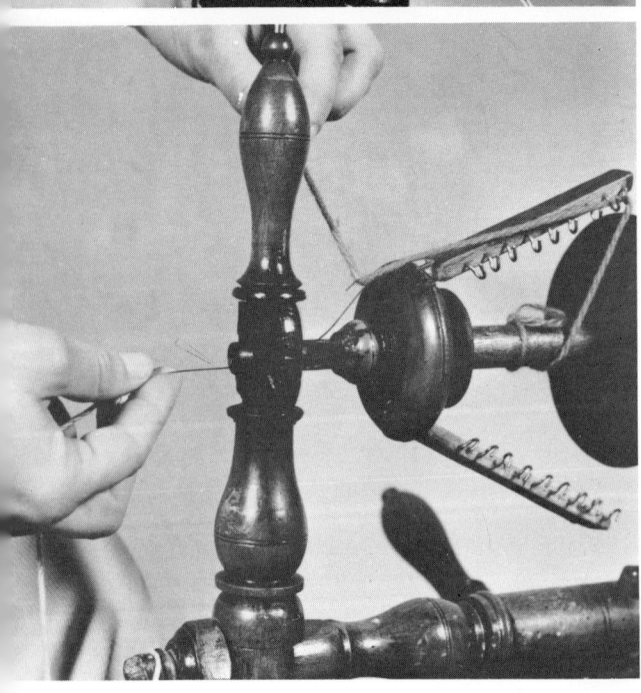

...und ziehen ihn durch das Loch der Achse.

Das geht am besten mit einem gebogenen Draht, den Sie vorn am Spinnrad anhängen, um ihn immer griffbereit zu haben.

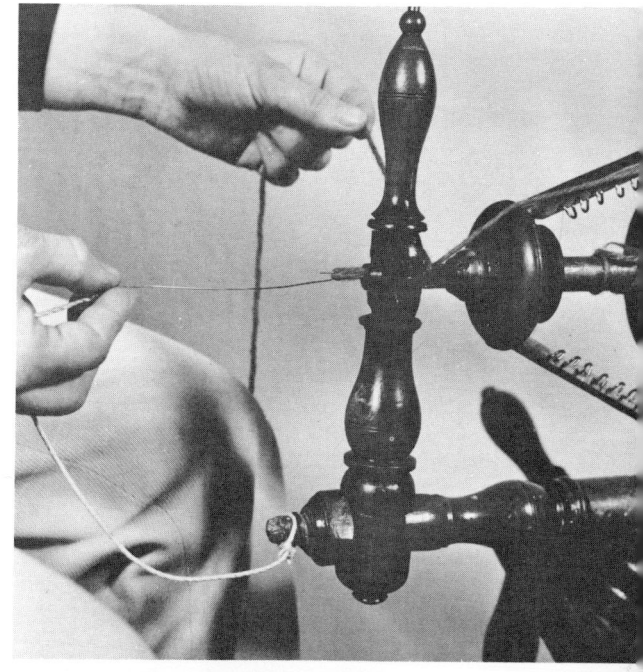

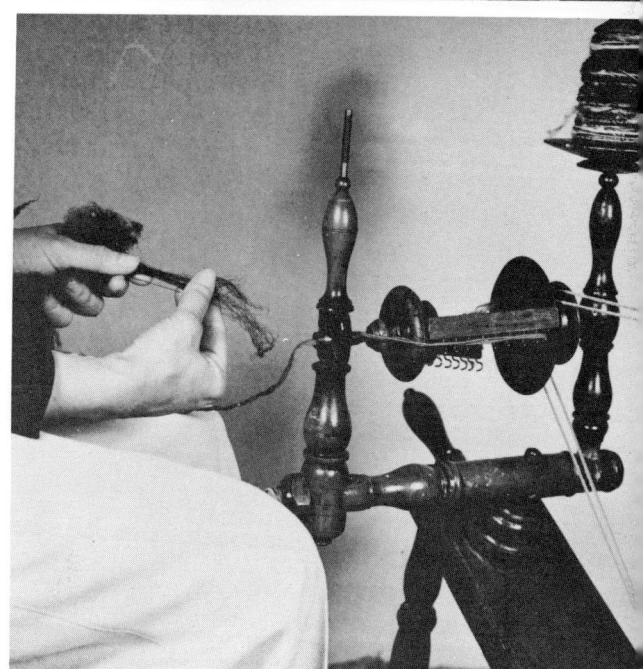

Jetzt nehmen Sie eine gelockerte Wollflocke und ziehen einige Haare ca. 10 cm aus der Flocke.

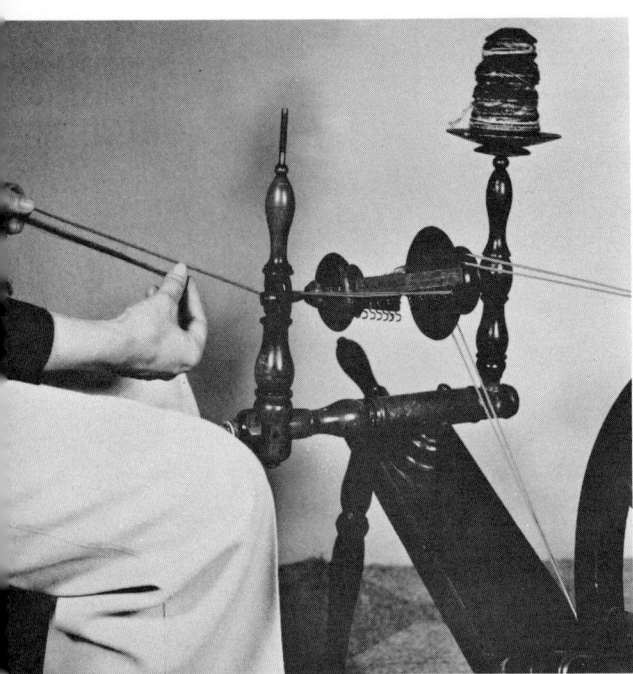

Legen Sie diese Haare um
den Faden, der um die
Spule geknotet ist.

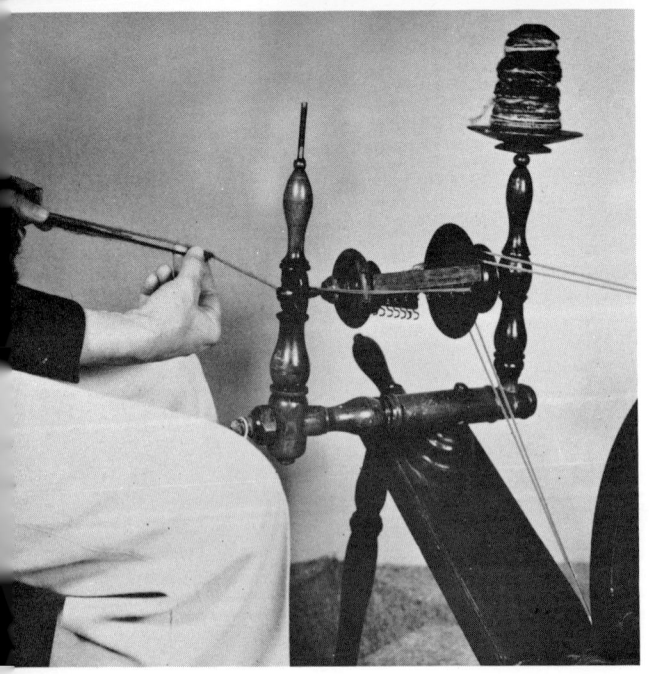

Zwischen Daumen und
Zeigefinger der rechten
Hand und Daumen und
Zeigefinger der linken
Hand befindet sich nun das
Vorgarn mit dem Faden.

Werfen Sie jetzt das Schwungrad an und beginnen Sie zu treten.

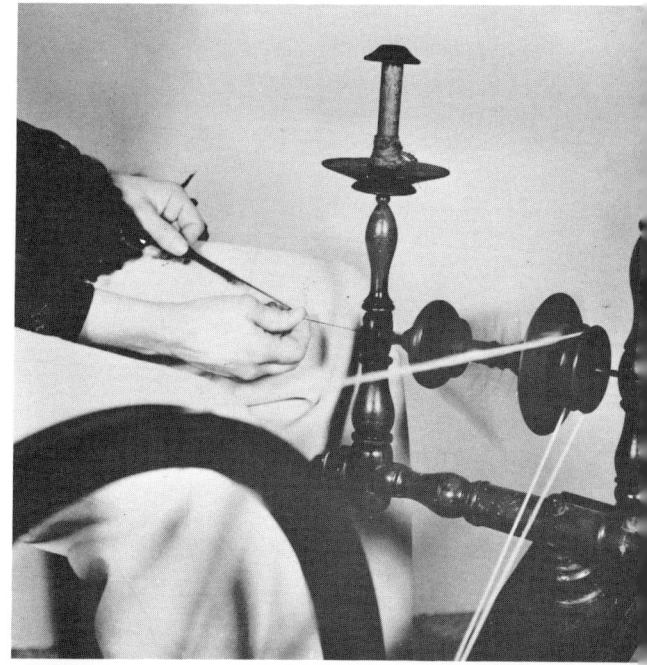

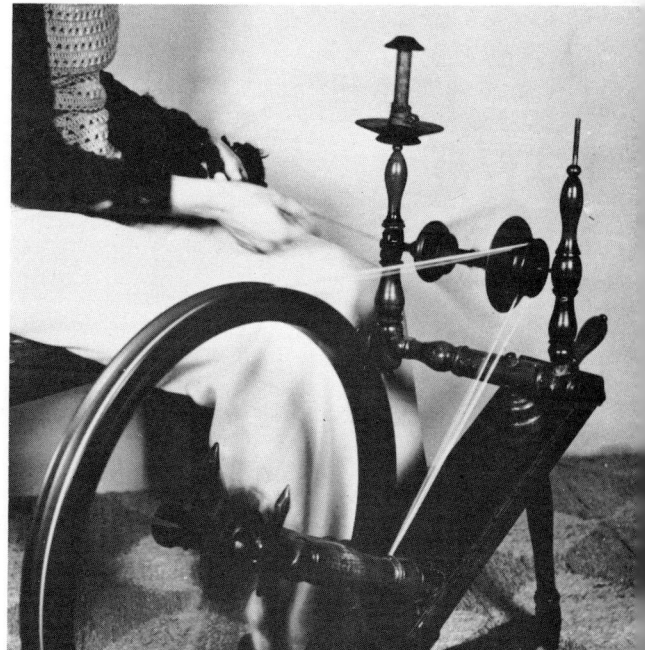

Wenn Sie merken, daß sich das Vorgarn um den Anfangsfaden dreht, lassen Sie den Daumen und Zeigefinger der rechten Hand ganz langsam Richtung Flocke gleiten.

Nachdem Sie die zu verspinnende Wolle an den Anfangsfaden angesetzt haben, werden Sie merken, ob Ihr Spinnrad die richtige Spannung hat. Die Wolle soll langsam und leicht zum Spinnrad laufen. Wenn der Zug zu stark ist, reißt der Faden, wenn er zu schwach ist, wickelt die Spule die Wolle nicht auf.

Mit Hilfe der Spannung wird die Drehung der Wolle reguliert. Will man einen stark gedrehten Faden haben, muß die Spannung ganz schwach sein. Das Garn dreht sich dann sehr lange, bevor es langsam auf die Spule gewickelt wird. Bei starker Spannung wird der Faden kaum gedreht, da er sehr schnell aufgespult wird. So entsteht eine Art Dochtgarn.

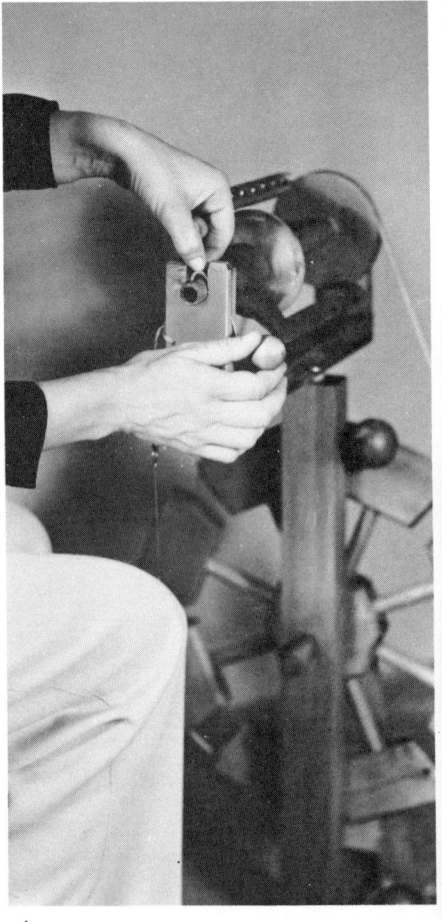

▲
Die Spannung wird bei diesem neuen Spinnrad durch einen Bindfaden reguliert, der auf die Achse des Spinnflügels drückt.

▶
Bei dem alten Spinnrad wird die Spannung mit einer Holzschraube reguliert, die die Antriebsschnur spannt. Bei mittlerer Spannung sollte die Schnur ungefähr zwei Fingerbreit Spiel haben.

Nun haben Sie die zu verspinnende Wolle an den Anfangsfaden angesetzt und Ihr Spinnrad auf die richtige Spannung eingestellt: das eigentliche Spinnen kann beginnen.

Die Wollflocke wird immer von der linken Hand gehalten, während die rechte Hand das Vorgarn in der gewünschten Stärke herauszieht. (Dabei vergessen Sie bitte nicht das gleichmäßige Treten!) Daumen und Zeigefinger der rechten Hand trennen den gedrehten Faden vom Vorgarn. Sie ziehen einige Zentimeter Vorgarn und gleiten dann langsam zur linken Hand, während das Garn gedreht wird.

Die Drehung des Garns darf nie durch die rechte Hand bis zur Flocke laufen; dann läßt sich kein Vorgarn mehr zupfen. Das ist bei den meisten Anfängern die größte Schwierigkeit. Sollte es Ihnen ebenso gehen, dann halten Sie das Spinnrad an, lassen die Wollflocke ausdrehen und zupfen etwas Vorgarn, bevor Sie das Rad wieder in Schwung bringen.

Wenn der Faden reißt, wird er angesetzt: Fadenende von der Spule ziehen, Vorgarn zupfen und anlegen. Erst loslassen, wenn sich Faden und Vorgarn fest versponnen haben. Die Wolle wird beim Spinnen auf keinen Fall angeknotet!

Um ein gleichmäßiges Bewickeln der Spule zu erreichen, wird der Faden immer um ein Häkchen weiter gehängt.

Es gibt auch Spinnräder aus Metall, wie dieses Modell.

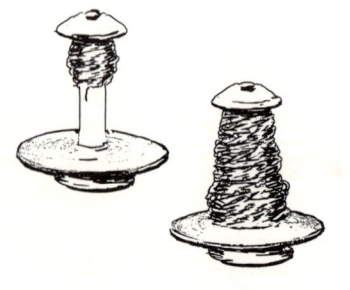

▶

Die Wollflocke wird mit der linken Hand gehalten. Die rechte Hand zieht das Vorgarn und läßt es zum Spinnflügel gleiten.

Zwirnen

Das gesponnene Garn können Sie bereits verarbeiten. Es kräuselt sich allerdings durch seine einseitige Drehung sehr leicht. Um das zu vermeiden, zwirnt man mehrere gesponnene Fäden (meistens zwei) zusammen.

Besitzen Sie drei Spulen, so spinnen Sie zwei davon voll und setzen die dritte leer ins Spinnrad. Dann knoten Sie einen Faden um die leere Spule, hängen ihn über einen Haken und ziehen ihn durch das Loch der Achse (wie beim Beginn des Spinnens).

Jetzt halten Sie die beiden Fäden der vollen Spulen um den Anfangsfaden der leeren und bewegen das Schwungrad in entgegengesetzter (!) Richtung. Es läuft also links herum. Mit der rechten Hand geben Sie die beiden gesponnenen Fäden zum Spinnrad. Die Spule darf die Wolle nicht ziehen wie beim Spinnen, dann reißt sie. Mit der linken Hand ziehen Sie das Garn von den vollen Spulen. Um zu verhindern, daß sich die beiden Fäden ungleichmäßig umeinander drehen, lassen Sie sie einzeln durch die Finger der linken Hand laufen.

Beim Zwirnen sind Spulenhalter sehr praktisch, da die Spulen sonst durchs Zimmer rollen und sich die Wolle um die Möbelfüße wickelt.

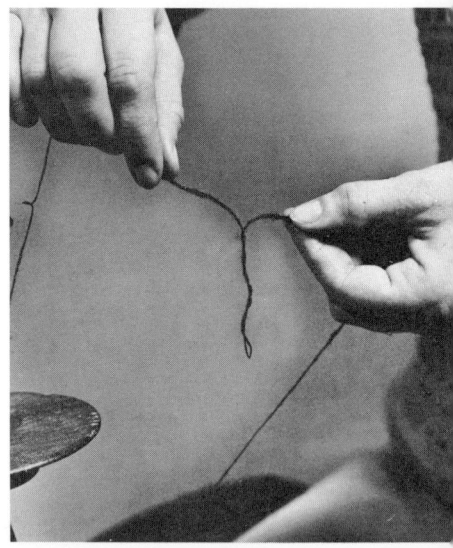

Wenn man einen gesponnenen Faden locker hält, dreht er sich zusammen.

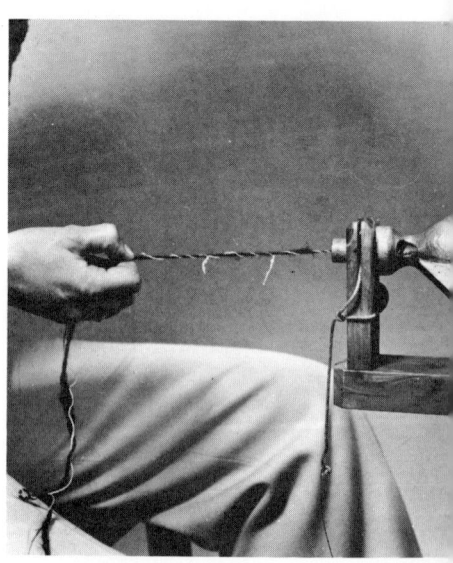

Beim Zwirnen muß man darauf achten, daß die Fäden glatt zusammenlaufen und nicht — wie hier — Schlingen bilden.

Bei dem neuen Spinnrad wird ein separater Spulenhalter mitgeliefert. Bei dem alten Spinnrad habe ich nachträglich zwei Metallstifte anbringen lassen, die als Spulenhalter dienen. Wenn man nur eine Spule besitzt, hilft man sich, indem man die gesponnene Wolle auf zwei Knäuel wikkelt und die leere Spule zum Zwirnen benutzt.

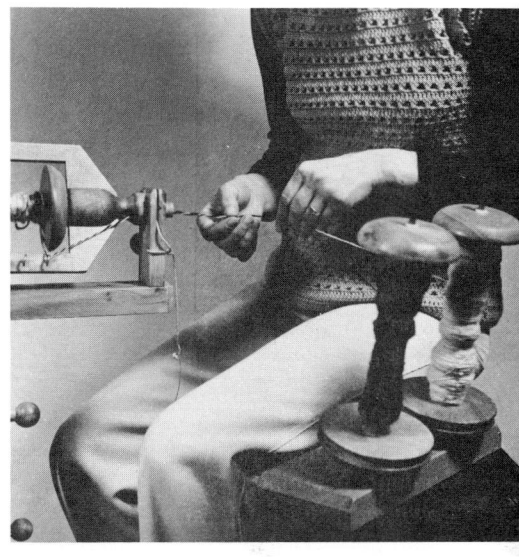

Zu dem neuen Spinnrad gehört ein separater Spulenhalter.

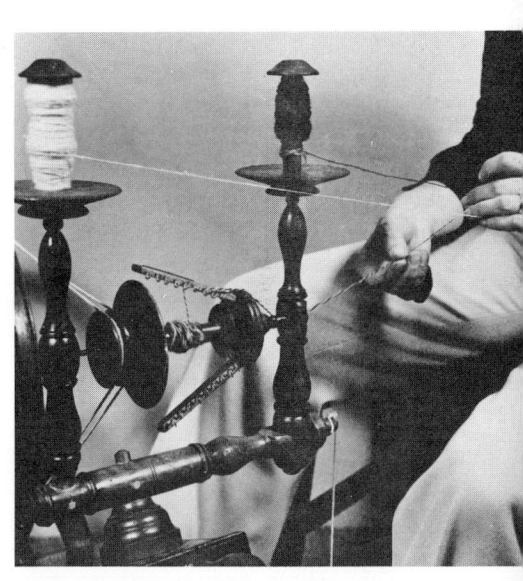

Hier dienen zwei Metallstifte am Spinnrad als Spulenhalter.

Haspeln

Nach dem Zwirnen wird die Wolle zu einer Lage gewickelt. Das geht am besten mit Hilfe einer Haspel.
Wer ein altes Spinnrad hat, besitzt vielleicht ebenfalls eine alte Haspel. Sie wird vom Spinnrad getrennt benutzt. Man nimmt die volle Spule aus dem Spinnrad und knotet den Garnanfang um einen Flügel der Haspel. Nun wird die Spule auf einen Metallstab gesteckt und mit der linken Hand neben die Haspel gehalten. Die rechte Hand dreht die Haspel.
Bei dem neuen Spinnrad wird die dazugehörige Haspel von vorne auf einen Zapfen am Schwungrad gesetzt, so daß sie sich mit dem Schwungrad zusammen dreht. Die Antriebsschnur nimmt man ab; sie wird beim Haspeln nicht benötigt. Wenn man den Garnanfang nun durch die Metallöse am Spinnrad führt und an der Haspel festknotet, kann man mit dem Treten beginnen. Achten Sie darauf, daß Sie gleichmäßig treten, damit das Garn nicht reißt.

Mit einem Handgriff wird die mitgelieferte Haspel an dem neuen Spinnrad befestigt.

Wenn Sie keine Haspel zur Verfügung haben, wickeln Sie die Wolle über ein großes Buch, eine Stuhllehne oder zwei hilfreiche Arme.
Um ein Verheddern der Wolle beim Waschen zu vermeiden, ist es sehr wichtig, daß die Lage mehrfach gut abgebunden wird. Den Anfangsfaden verknoten Sie am besten mit. Dann findet man ihn später leicht wieder.

Die Haspel wird mit der rechten Hand gedreht. Die linke Hand hält die Spule.

26

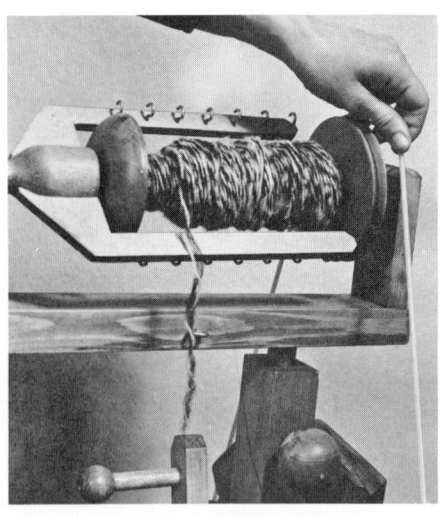

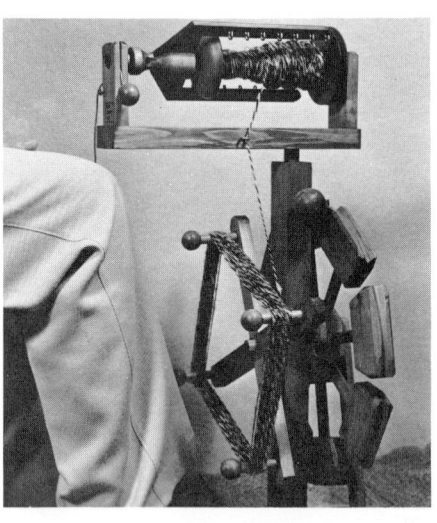

Zum Aufwickeln auf die Haspel wird die Antriebsschnur vom Rad genommen ...

...und an einem Knopf der Haspel angeknotet.

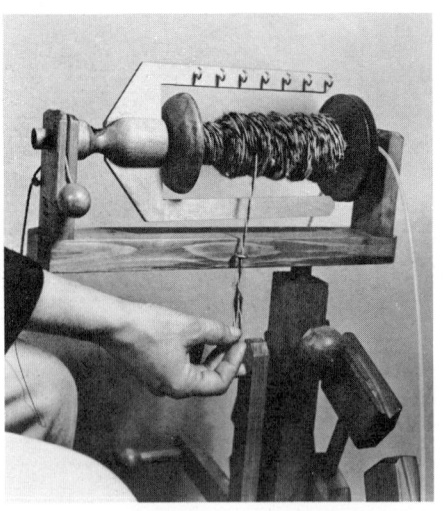

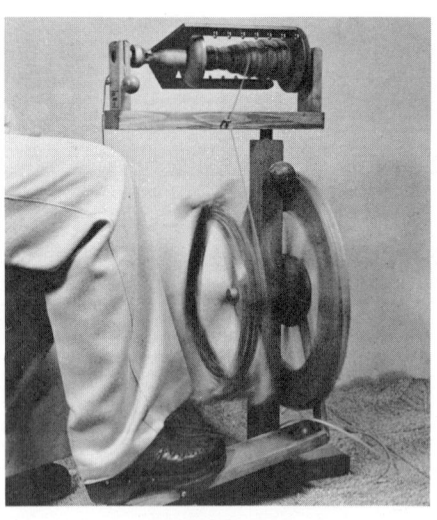

... der Fadenanfang durch die Metall-öse am Spinnrad gezogen ...

Dann wird gleichmäßig getreten.

Die Wollage wird fest abgebunden. ▶

Wolle waschen

Die Wolle wird gewaschen, gründlich gespült...

Nachdem die fertig gezwirnte Wolle nun auf Lagen gewickelt wurde, wird sie zum ersten Mal richtig gewaschen. Ich verwende dafür ein spezielles Wollwaschmittel, das ich in handwarmem Wasser auflöse. Die Lagen werden einzeln in die Lauge gelegt und gut durchgedrückt. Sie müssen den Waschvorgang so oft wiederholen, bis die Wolle sauber ist. Dann werden die Wollagen in handwarmem Wasser gründlich ausgespült. Um das Trocknen der Wolle zu beschleunigen, kann man sie gerne anschleudern. Zum Trocknen hängen Sie die Wolle am besten auf eine Wäscheleine im Schatten in den Wind. Auf keinen Fall darf die Wolle in der Sonne oder an der Heizung getrocknet werden, weil sie dann vergilbt und verfilzt.

An dieser Stelle möchte ich noch etwas über das Verfilzen der Wolle sagen. Die vorherrschende Meinung, daß Wolle durch zu heißes Waschen filzt, ist nicht ganz richtig. Sie filzt viel eher durch den Temperaturunterschied vom warmen Waschwasser zum kalten Spülwasser und durch zu starke Waschmittellauge. Gerade die fettige handgesponnene Wolle verträgt sehr gut eine etwas wärmere Wäsche, wenn das Spülwasser anschließend die gleiche Temperatur hat.

...und zum Trocknen aufgehängt. ▶

Verschiedene Wollarten

Als Anfängerin werden Sie einen ungleichmäßigen Faden herstellen, der sich hervorragend zum Häkeln und Stricken von modischen Jacken und Pullovern eignet. Mit einiger Übung können Sie dann je nach Wunsch dikke oder dünne Wolle spinnen. Allerdings ist die Wollstärke bei alten Spinnrädern meistens durch die dünne Flügelachse begrenzt. Bei den neuen Rädern ist diese wesentlich stärker.

Die Drehung der Wolle können Sie mit Hilfe der Spannung des Spinnrades verändern. Wenig gedrehtes Garn ist weich und anschmiegsam. Es wird zum Häkeln und Stricken von Oberbekleidung, Tüchern und Decken verwendet. Wolle mit starker Drehung ist fest, aber strapazierfähiger. Sie eignet sich zum Stricken von Strümpfen und Arbeitspullovern. Außerdem können Sie daraus Teppiche häkeln.

Handgesponnene Wolle läßt sich nicht nur verstricken und verhäkeln, sondern sie läßt sich auch sehr gut auf dem Webrahmen verarbeiten. Durch die abwechselnde Verwendung von wenig und stark gedrehtem Garn lassen sich interessante Effekte erzielen. Solche rustikalen Gewebe ergeben interessante Tischläufer und Sets.

Wenn Sie verschiedenfarbige Rohwolle zur Verfügung haben, können Sie melierte Wolle herstellen, indem Sie einen hellen und einen dunklen Faden zusammenzwirnen. Außerdem kann man die Wollfarben beim Kämmen mit den Kardätschen vermischen und erhält dann ein besonders fein meliertes Garn.

Lassen Sie Ihrer Fantasie freien Lauf und werkeln Sie nach Ihrem individuellen Geschmack. Auf den folgenden Seiten finden Sie einige Vorschläge.

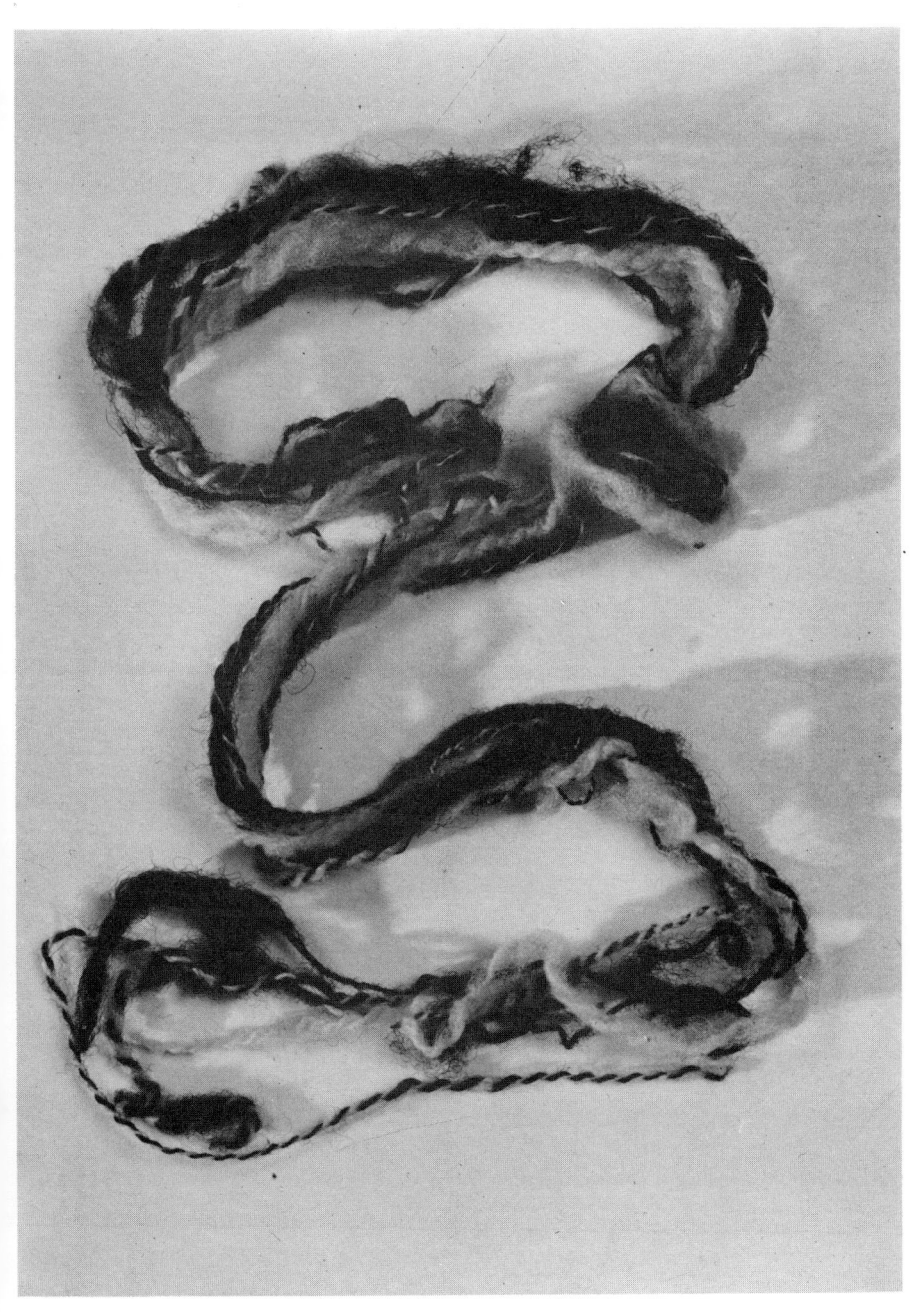

Die Möglichkeiten der Wollgestaltung sind unbegrenzt.

Diese Strickprobe entstand aus einem dünnen Garn, für das ich zwei gleich-
starke Fäden locker verzwirnt habe. Es ist weich und eignet sich auch für
Unterwäsche.

Hier habe ich einen dünnen dunkelbraunen und einen dünnen weißen Faden gesponnen und beide mit starker Drehung verzwirnt. Dieses Garn ist durch die starke Drehung besonders haltbar und für Strümpfe und andere strapazierte Stricksachen geeignet.

Ein weißer ungleichmäßig gesponnener und ein gleichfarbiger dünner, stark gedrehter Faden ergeben verzwirnt ein noppiges Strickbild. Allerdings kommen die Noppen bei einfarbiger Wolle weniger zur Geltung.

Je ein ungleichmäßig gesponnener weißer und dunkelbrauner Faden, locker
verzwirnt, ergeben gestrickt diesen Noppeneffekt.

Hier habe ich abwechselnd dunkelbraune und weiße Flocken ungleichmäßig versponnen und mit einem dünnen dunkelbraunen Faden verzwirnt.

Dieses Maschenbild entsteht, wenn man einen ungleichmäßigen Faden aus abwechselnd braunen und weißen Flocken spinnt und ihn mit einem dünnen weißen Faden verzwirnt.

Wolle färben

Wem die natürliche Farbvielfalt der Schafwolle nicht ausreicht, der hat zusätzlich die Möglichkeit, Wolle einzufärben. Allerdings leidet die Wolle beim Färben. Sie verliert viel von ihrer Elastizität, wird spröde und stumpf. Wegen dieser Nachteile verwende ich persönlich ausschließlich ungefärbte Wolle und möchte darum auch nur kurz auf das Färben eingehen.

Man kann die Wolle entweder als Flocke vor dem Spinnen einfärben oder als fertige Lage danach. Die Gleichmäßigkeit der Farbe erzielt man beim Färben der lockeren ungesponnenen Wolle leichter als bei einem fertig gesponnenen und gezwirnten Garn. Das gilt besonders bei dunklen Farben. Und letzte Farbunregelmäßigkeiten lassen sich dann beim Kämmen immer noch ausgleichen.

Aber das Einfärben der Flocke vor dem Spinnen hat auch einen Nachteil: Da die Wolle vor dem Färben gründlich gewaschen werden muß und dabei, und ebenfalls bei der anschließenden Färbprozedur, fast all ihr natürliches Fett verliert, läßt sie sich nach dem Färben nur mit sehr viel Mühe verspinnen.

Ich habe mich hier für das Einfärben der Wolle vor dem Spinnen entschieden. Da die Verwendung der Farben einfach ist und außerdem auf den mitgelieferten Gebrauchsanweisungen genau beschrieben wird, möchte ich darauf nicht näher eingehen. Nach dem Färben habe ich die Wolle gründlich gespült und dem letzten Spülbad etwas Essig zugefügt. Dann habe ich die Flocken kurz angeschleudert und locker auf eine Leine zum Trocknen gehängt.

Für die weitere Verarbeitung der gefärbten Wolle gebe ich Ihnen auf den folgenden Seiten einige Anregungen.

Zum Färben benutzt man einen großen Emailtopf

Die gefärbte Wolle wird zum Trocknen aufgehängt

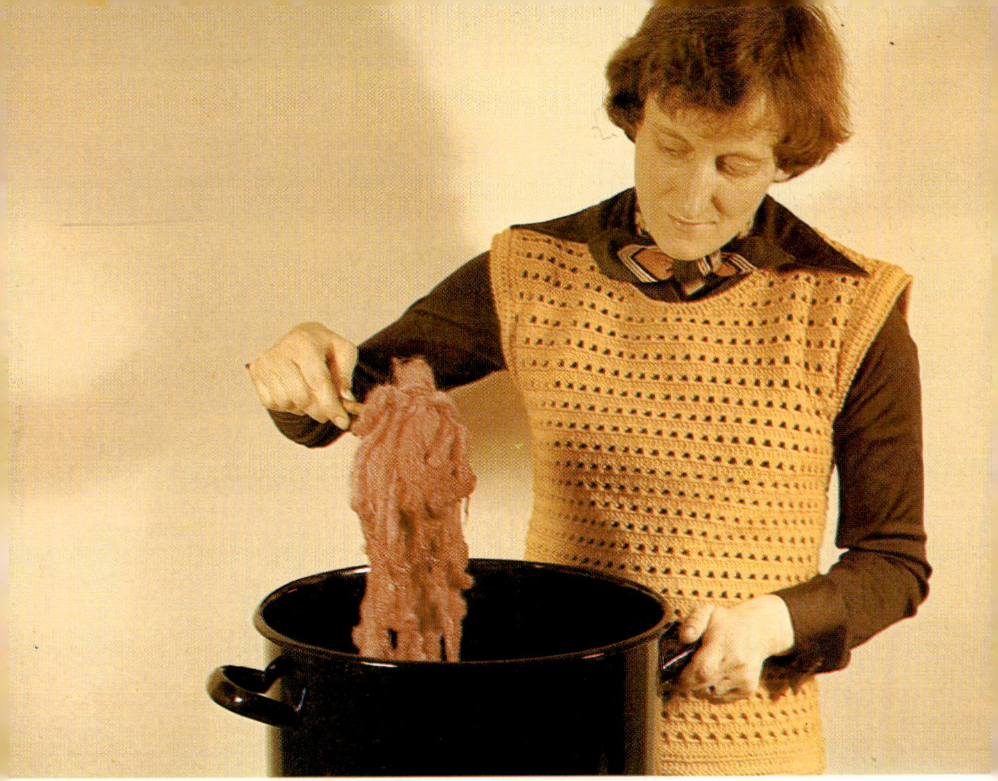

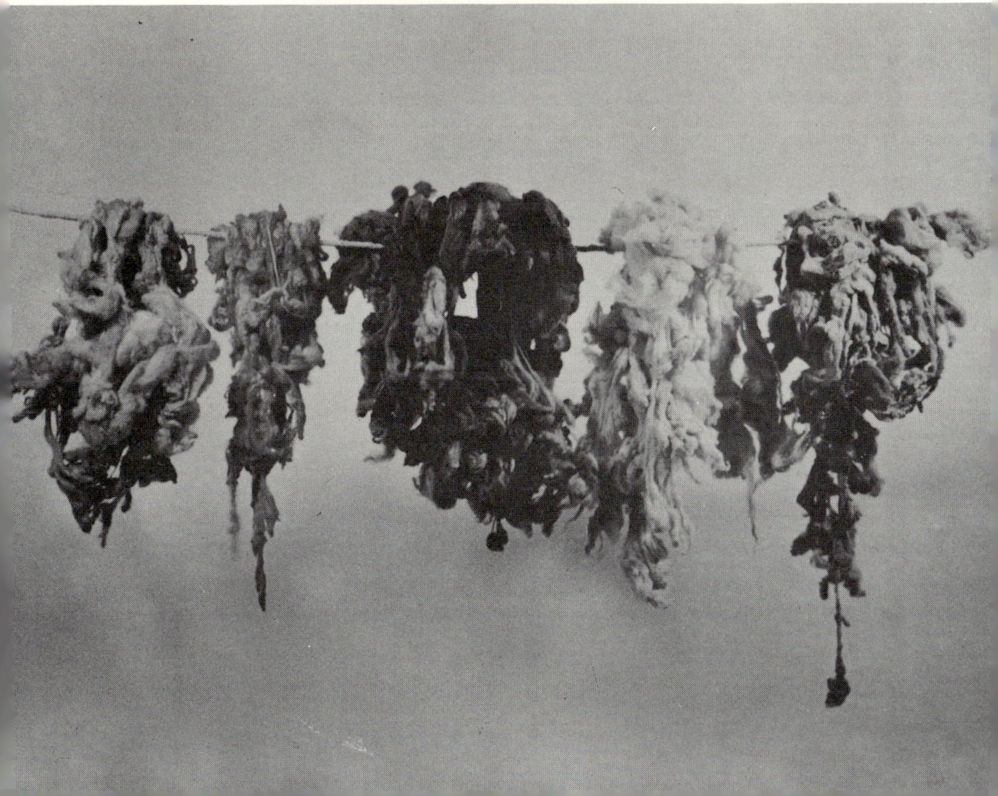

Die Farbmischung für diese Strickprobe entstand beim Kämmen der Wolle. Ich habe je einige Flocken naturfarbene und grüngefärbte Wolle gleichzeitig mit den Kardätschen bearbeitet und locker versponnen und verzwirnt.

Die eine Hälfte der Wolle habe ich hellbraun und die andere Hälfte dunkelbraun eingefärbt und dann jede Farbe für sich locker versponnen. Die Farbschattierung entsteht so: Für den Anfang wurden zwei dunkle Fäden verzwirnt, dann ein heller und ein dunkler und zuletzt zwei helle.

Je ein Faden naturfarbene und ein Faden blaugefärbte Wolle mittelstark gesponnen und gedreht ergeben dieses Strickbild.

Besonders für Mützen geeignet ist diese Spinntechnik: ein dünner gleichmäßig gesponnener Faden mit einem ganz dicken kaum gedrehten locker verzwirnt.

Verarbeiten
der gesponnenen Wolle

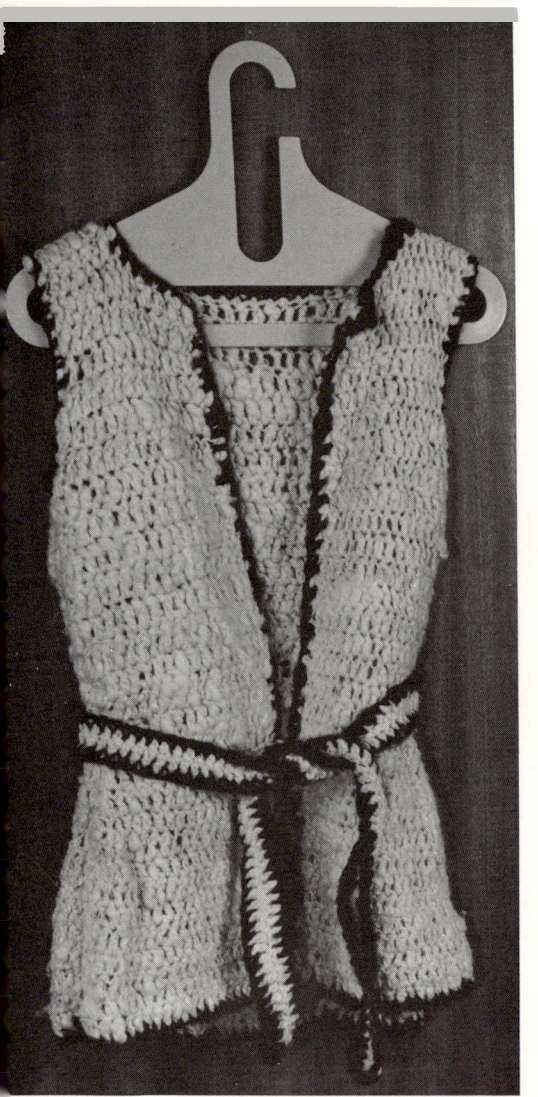

Schick zu langen Hosen sieht diese Häkelweste mit Bindegürtel aus. Die noppige Wolle dafür wurde von einem zwölfjährigen Mädchen gesponnen und verhäkelt.

Sicher haben Sie sich schon vor Beginn des Spinnens überlegt, wie Sie die fertige Wolle verarbeiten wollen. Die Möglichkeiten sind fast unbegrenzt. Wenn Sie einen Webrahmen besitzen, können Sie einen Tischläufer oder eine Kissenplatte, Sets oder einen Wandbehang arbeiten. Und sollte Ihr Vorrat an handgesponnener Wolle nicht ausreichen, können Sie mit maschinell gesponnener Wolle kombinieren und erhalten dadurch eine rustikale Struktur.

Zum Knüpfen eignet sich handgesponnene Wolle auch sehr gut. Allerdings werden Sie am Anfang wohl nicht genügend Material für einen Läufer haben, aber auch eine kleine Matte sieht dekorativ aus und findet überall ihren Platz.

Ich verwende meine selbst gesponnene Wolle überwiegend zum Stricken und Häkeln: dicke, noppige Wolle für legere Strickjacken, Westen und Winterpullover, Schals und Mützen oder auch für ein molliges Plaid. Wenn Sie oder Ihre Kinder Gummistiefel tragen, sollten Sie einmal Socken aus Ihrer selbst gesponnenen Wolle stricken, und die Zeit der kalten Füße ist vorbei!

Modell Esser's Verpakking BV Tilburg/Niederlande

Diese gehäkelte Weste aus braun-weiß-melierter Wolle ist einfach zu arbeiten und schnell fertig.

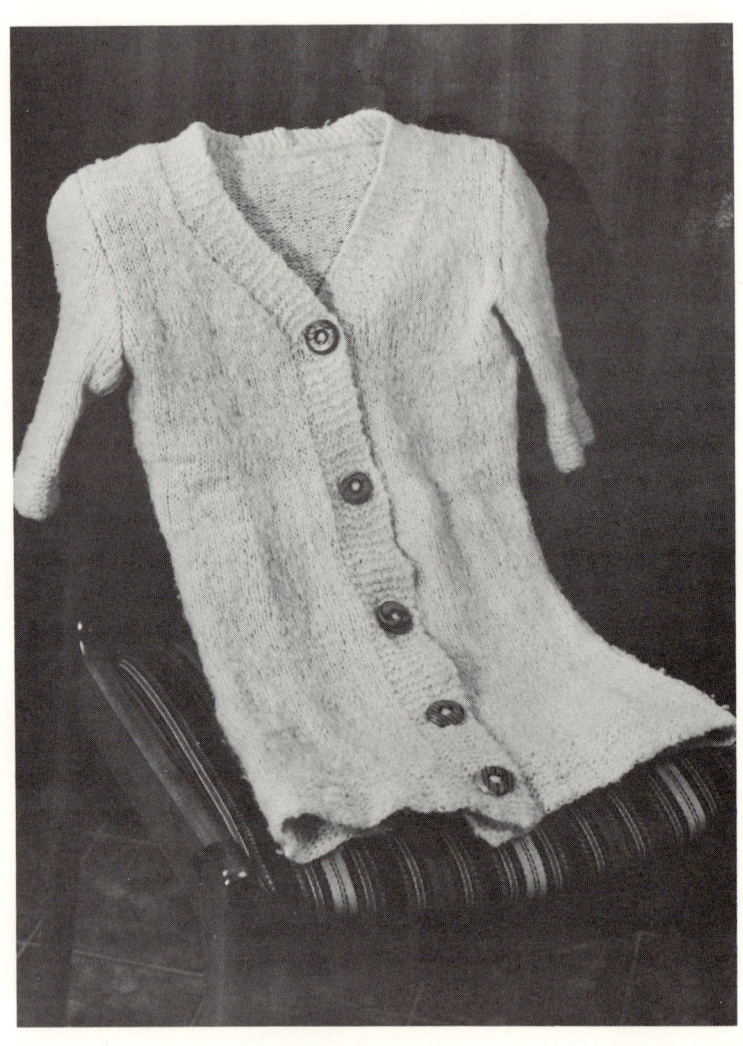

Sehr neutral und praktisch ist eine naturfarbene Strickjacke mit kurzen Ärmeln. Die Rippenbündchen und Holzknöpfe betonen den sportlichen Charakter.